Karl Wallner

DAS FEST DER LIEBE

W0092265

Karl Wallner

DAS FEST
DER LIEBE

PATTLOCH

Bildnachweis:
Corbis: S. 3 Adi Bush/Cultura, S. 6 Nicola Angeli/SOPA, S. 9 Edith Held, S. 12 Fridmar Damm, S. 14 Kate Kunz, S.22 Mark Edward Atkinson/Tetra Images, S. 24 Robert Harding World Imagery, S. 26 Oswald Eckstein, S. 37 Pascal Deloche/Godong, S.40 Ocean, S. 43 Sergio Pitamitz, S. 50 Steve Terrill, S. 55 Christian Sarramon, S. 57 Franz Marc Frei, S. 59 Image Shop, 60 Scott Barrow,S. 62/ James Ravilious/Beaford Archive; KNA-Bild: S. 39, S. 44, S. 49 Markus Nowak; Mauritius images: S. 47/fm; www.stift-heiligen-kreuz.at: S. 10, S. 16, S. 19/Jerco Malinar, S. 21, S. 29 /Jerco Malinar, S. 31, S. 34, S. 53. Jerco Malinar

Das Weihnachtevangelium nach Lukas ist der Einheitsübersetzung der Heiligen Schrift entnommen © Katholische Bibelanstalt GmbH, Stuttgart 1980

Besuchen Sie uns im Internet:
www.pattloch.de

FSC
www.fsc.org
MIX
Papier aus ver-
antwortungsvollen
Quellen
FSC® C012425

Redaktion: Michael Schönberger
Umschlaggestaltung: ZERO Werbeagentur
Umschlagabbildung: Gettyimages / STOCK4B-RF
Satz: Adobe InDesign im Verlag
Druck und Bindung: Offizin Andersen Nexö GmbH, Leipzig
Printed in Germany
ISBN 978-3-629-02278-3

2   4   5   3   1

Inhalt

Das »Weltsuperfest«

Auf Weihnachten freue ich mich jedes Jahr wie ein Kind. Vielleicht kommt das daher, dass ich Mönch bin und deshalb ein distanziertes Verhältnis zu den Dingen habe, die sich heute »in der Welt« so tun. Wenn ich über die Klostermauern schaue, dann kann ich es verstehen, dass viele Menschen meine Vorfreude nicht teilen können. Ich kann es verstehen, wenn die Leute vor Weihnachten jammern und seufzen: »Wenn nur schon alles vorüber wäre.« Also verstehen kann ich es – aber ich mag es nicht! Der Kaufrausch, der Vorweihnachtskitsch und der Druck, noch schnell die richtigen Geschenke zu besorgen, können einem schon auf die Nerven gehen. Aber ich mag es nicht, wenn man sich die Freude über das Weihnachtsfest durch Genörgel und schlechte Laune vermiest. Ich frage Sie: Was wäre unser Leben ohne das jährliche Weihnachtsfest? Ein ödes und langweiliges Immer-Dasselbe!

Zunächst muss man doch ganz nüchtern festhalten: Es ist doch einfach gut, wenn es ein Fest gibt, dass die ganze Welt feiert. Denn Weihnachten wird überall gefeiert, sogar in nichtchristlichen Ländern. Es ist doch einfach schön, dass es ein solches Weltsuperfest gibt. Es tut gut, dass alle Menschen dieser Erde einmal im Jahr länder- und religionsübergreifend in eine »Wir-feiern-Stimmung« versetzt werden. Mich als Priester und Mönch freut es dann besonders, wenn ich unter den Weihnachtskarten sogar die Gratulation eines Imams finde, den ich schon lange kenne … »Frohes Fest«, steht auf der Karte meines muslimischen Freundes zu lesen, wie auf den meisten anderen Grußkarten auch.

Was wäre unser Leben ohne das jährliche Weihnachtsfest?

Freilich zahlen wir Christen einen hohen Preis dafür, dass dieses Fest so grenzenlos universal von allen und überall gefeiert wird: Was an Quantität gewonnen wird, geht offensichtlich an Qualität verloren. Auf den erwähnten Weihnachtskarten findet man alles Mögliche: Tannenzweige, Kerzen, Weihnachtsbäume, Winterlandschaften, auf manchen auch einen feisten rotbackigen Weihnachtsmann mit Zipfelmütze. Nur auf wenigen ist noch eine Krippe mit dem neugeborenen Christkind zu finden. Der Inhalt des Festes scheint

völlig vergessen zu sein. Ein Kirchenkritiker hat sich unlängst sogar darüber aufgeregt, dass die *böse* Kirche nun beginne, *sogar* das Weihnachtsfest für ihre Zwecke zu instrumentalisieren! Was fällt dem Pfarrer ein, dass er zu Weihnachten versucht, die Leute von ihrer Familienfeier weg in die Kirche zu locken …! Leider ist das kein Witz, sondern eine wahre Geschichte. So als hätte die Welt Weihnachten erfunden und die Christen hätten es nachträglich beschlagnahmt. Traurig, denn es ist genau umgekehrt.

Sosehr ich mich darüber freue, dass Weihnachten ein globales Ereignis ist, so sehr macht es mich traurig, dass immer mehr vergessen wird, was wir in der Heiligen Nacht eigentlich feiern.

Ein Fest soll Freude ausdrücken und Freude bereiten.

Ein Fest braucht immer auch einen Inhalt, einen Grund, einen Anlass. Eine Feier ist nur so viel wert wie der Anlass, aus dem heraus sie gefeiert wird. Mir ist da als Priester einmal etwas Schreckliches passiert: Ein Brautpaar war wenige Tage vor der Hochzeit zur Einsicht gekommen, dass sie doch nicht zusammenpassen. An sich okay, man ist ja bis zum letzten Augenblick frei. Das wirklich Traurige war, dass sie beschlossen, die Hochzeit nicht abzusagen, sondern sie zogen das aufwendige und bis ins Detail geplante Fest einfach durch. Ein Riesentrara, aber ohne Inhalt. Eine Woche später ließen sie sich scheiden. Ich hatte als Pfarrer, ehrlich gesagt, nichts gemerkt: Die äußere Form war prachtvoll, dahinter war nichts. Sogar das Jawort in der Kirche war nicht so gemeint, sondern

nur leeres Blabla. Ich habe mich dann gefragt, ob das Brautpaar diese Scheinhochzeit wirklich genießen konnte. Kann man sich über etwas Inhaltloses freuen? Das Auseinandergehen funktionierte jedenfalls dann doch nicht so reibungslos, und es kam sogar noch zu einem kleinen Rosenkrieg …

Ein Fest soll Freude ausdrücken und Freude bereiten. Vielleicht verlieren wir deshalb zusehends die Freude am Weihnachtsfest, weil wir den Inhalt vergessen haben? Ich möchte mit meinen Gedanken dazu beitragen, dass Sie sich wieder so richtig auf Weihnachten freuen können. Ich möchte Ihnen ein paar Tipps geben, wie wir Weihnachten als »Fest der Liebe« wiederentdecken können.

Das Geburtstagsfest
des liebsten Menschen

Den »Feiertagsteufel« gibt es wirklich. Das Phänomen ist überall bekannt, auch im Kloster: Man freut sich auf ein Fest und bereitet eine Feier hingebungsvoll vor – und dann »funktioniert« es einfach nicht: statt Harmonie und Freude hitziger Streit, bissiger Zank und frustriertes Beleidigtsein. Zu Weihnachten tobt der Feiertagsteufel oft besonders dämonisch. Warum nur? Bitte entschuldigen Sie, aber ich habe das Gefühl, dass man den Heiligen Abend heutzutage ein bisschen überfordert: Wochenlang ist man herumgelaufen, hat Geschenke zusammengesammelt und Besorgungslisten abgearbeitet auf diese eine Feier hin am Heiligen Abend. Armer Heiliger Abend! Zu viel Romantik, zu viel Familienidylle, zu viel Zufriedensheitsgefühle werden von diesen wenigen Stunden erwartet. Und dann ist es eben oft doch nicht so toll, wie man erwartet, ja übererwartet hat.

Wir Mönche neigen da eher zur Nüchternheit. Ja, wir haben auch eine Weihnachtsfeier am Heiligen Abend, aber das ist kein Exzess an Erbaulichkeit, sondern hat

etwas Männlich-Mönchisches an sich: Wir singen na-
türlich »Stille Nacht« bei Kerzenschein, dann kommt
eine Ansprache des Abtes. Meist knüpft er ein paar
Gedanken an eine sinnreiche Geschichte an. Die vielen jungen Mönche sitzen zwischen den alten, die
meist schwerhörig sind, deshalb den Abt nicht verstehen und mit umso glänzenderem und verklärtem
Gesichtsausdruck sich das Ihre denken. Nach der Ansprache schenkt der Abt jedem von uns ein Buch, das
aber keine Überraschung ist, weil wir es uns vorher
selber aussuchen und bestellen mussten. Dann geht
das elektrische Licht an, wir essen die Süßigkeiten,
die uns aber nicht wirklich schmecken, weil Weih-
nachtsbäckerei ja eigentlich nur vor Weihnachten

schmeckt, dann, wenn das ganze Kloster davon duftet. Aber da hatten unsere Köchinnen alles gut versteckt und weggesperrt. Und am Heiligen Abend ist das Naschen eher eine Pflichtübung als ein Vergnügen. Noch ein bisschen Tee, und dann eilen die Priester von uns schon zu den Autos, um in den umliegenden Gemeinden die Christmetten zu feiern. Eine nette Feier ist so ein Heiliger Abend, aber für uns Mönche wirklich nicht der Höhepunkt von Weihnachten.

Dort, wo ich selber wirklich am meisten berührt werde von dieser kribbeligen Weihnachtsstimmung, das ist in der Liturgie, im Gottesdienst! Wenn vor der mitternächtlichen Christmette in die finstere Abteikirche hinein verkündet wird: »Heute, vor 2011 Jahren, wurde Christus geboren!« Ehrlich gesagt, verstehe ich nicht, wie Menschen wochenlang dieses Trara vor Weihnachten mitmachen können, um dann zu Weihnachten das Eigentliche nicht zu tun: nämlich die Geburt Christi zu feiern. Zu Weihnachten nicht in die Kirche zu gehen, das ist doch, wie wenn ich den Koffer für eine große Reise packe, aber dann nicht ins Flugzeug steige. Wie wenn ich ein teures Essen koche, aber dann die Speisen ungegessen verrotten lasse ... Ich möchte dafür plädieren, dass wir Weihnachten ordentlich feiern, das heißt mit Substanz! Es handelt sich um das Geburtsfest Jesu Christi, des Sohnes Gottes. Ich wünsche Ihnen gerne eine schöne Familienfeier und eine erhebende Feierstimmung, aber bitte: Das ist nur das Drumherum, im Zentrum steht ein kleines Kind, von dem wir glauben, dass er Gott in Menschengestalt ist.

Ich möchte dafür plädieren, dass wir Weihnachten ordentlich feiern, das heißt mit Substanz!

Ich bekomme jedes Jahr eine richtige Gänsehaut – also eine eigentlich völlig unmönchische, romantische Gänsehaut –, wenn wir im Kloster die Christmette feiern. Vor dem Altar in unserer hohen romanisch-gotischen Abteikirche mit ihren mächtigen himmelaufragenden Säulen ist eine richtige Krippe aufgebaut, sie ist mit Kerzen und Weihnachtssternen geschmückt. In der Krippe ist nichts außer struppigem Stroh, sie ist leer. Der Gottesdienst beginnt in der kalten abgedunkelten Kirche, wir hören die Lesungen, die den Messias ankündigen, und dann das Weihnachtsevangelium. Und dann kommt es: Kaum ist die Geburt Christi verkündet, treten unsere jungen Novizen, also die Mönche, die ganz frisch im Kloster sind, vor den Altar. In ihren Händen halten sie etwas Zar-

tes, etwas Zerbrechliches, das doch der Mittelpunkt unseres Lebens ist: ein kleines lebensgroßes Jesuskind aus Holz. Sie legen es behutsam in die winzige Krippe, dann setzt die Orgel ein, das Licht flammt auf und erhellt die uralte Abteikirche, die Glocken läuten, und wir singen das Lied »Zu Bethlehem geboren ist uns ein Kindelein, das hab ich auserkoren, sein Eigen will ich sein …« Ja, da bekomme ich eine Gänsehaut. Gott kommt als Kind!

Die Krippenlegung ist zutiefst biblisch, das Weihnachtsevangelium erzählt, dass Maria das Kind gebar, es in Windeln wickelte und in eine Krippe legte, weil in der Herberge kein Platz für sie war. Mir ist als Pfarrer einmal etwas Eindrucksvolles passiert; damals in meiner Landpfarrei war es mir ein großes Anliegen, am Nachmittag des Heiligen Abends eine Krippenandacht für die Kinder zu halten. Die Kinder kamen auch in hellen Scharen, vor allem die kleineren, die noch zu jung waren, um in die Mitternachtsmette gehen zu dürfen. Und mit den Kindern kamen viele Erwachsene, vor allem die Väter, da die Mütter ja zu Hause »dem Christkind helfen mussten«, wie man bei uns in Österreich sagt. Um die Feier möglichst eindrucksvoll zu gestalten, hatte ich auch für meine Pfarrei ein holzgeschnitztes Jesusbaby in Lebensgröße gekauft, das so lieb lächelte, dass man fast automatisch zurücklächeln musste. Offensichtlich hat das der liebe Gott schon von Natur aus so eingerichtet, dass wir Erwachsenen vom Lächeln der Kinder verzaubert werden. Kein Mensch kann so böse sein, dass ihm nicht das Herz aufginge, wenn er von einem Baby angelächelt wird. Und es ist ja immer vergnüglich zu sehen, wie sich vor einem Kind auch alle Erwachsenen zu Kindern verwandeln: »Gutti-gutti-gutti; kille-kille-kille«, verkindlichen wir uns vor den Babys. Höhepunkt der Kinderchristmette am Heiligen Abend war die Krippenlegung des Jesuskindes. Und dann holte ich die Kinder vor, rund um die Krippe, um dem Jesuskind zum Geburtstag zu gratulieren.

Dicht drängten sie sich mit glänzenden Augen um die Krippe, die großen, die kleinen und dahinter die Eltern. Und dann intonierte ich: »Happy birthday to you, happy birthday to you, happy birthday, liebes Christkind, happy birthday to you!« Also einfach das, was man bei uns in Österreich zu einer Geburtstagsfeier halt so singt.

Das war ein richtiger Engelsgesang. Mit derselben Begeisterung machten die Kinder mit, als ich sie einlud, dem Jesuskind doch noch einen Glückwunsch ins Ohr zu flüstern. Ich muss sagen, dass ich da auch manchmal Tränen in den Augen hatte, wie die Kinder das ganz ernst nahmen und sich über die Krippe beugten, um verschwörerisch dem Jesuskind ihre Wünsche und auch Bitten ins Ohr zu flüstern. Jesus sagt: »Wenn ihr nicht werdet wie die Kinder.« Ich habe das gleiche kindliche Vertrauen auch auf dem Jakobsweg erlebt, wo ja die Pilger in Santiago de Compostela eingeladen sind, die Stufen zum Hochaltar hochzusteigen, oben die Statue des heiligen Jakobus zu umarmen und dem Heiligen einen Pilgerwunsch ins Ohr zu flüstern.

Solche Kindlichkeit tut uns gut. Und sie hilft, dass uns manchmal ein Licht aufgeht. Damals in meiner Pfarrgemeinde gestand mir nach der Kinderkrippenfeier ein junger Vater mit Tränen in den Augen: »Pater Karl, ich habe heute das erste Mal begriffen, was Weihnachten ist.«

Ja, Weihnachten
ist die größte Geburtstagsparty der Welt,
für den liebsten Menschen der Welt,
für Jesus Christus, Gottes Sohn,
der für uns Mensch geworden ist!

Gott in »Krippenlänge«

Weihnachten ist eigentlich ein hochphilosophisches Fest mit einem total verwegenen Gedanken: nämlich, dass der unendliche Gott ein endlicher Mensch werden wollte. Michael Jackson – Gott hab ihn selig! – singt »You are not alone«. Für mich war dieses Liebeslied immer eine religiöse Ansage: Ich bin eben nicht allein – gottlos, ewigkeitslos, eingesperrt in ein paar verrinnende Lebensjahre –, sondern mein Gott ist selbst in diese kleine Welt gekommen, ganz klein, als Baby, als Kind.

Mein kleiner Bruder ist neun Jahre jünger als ich. Es war damals riesig aufregend für mich, nach meiner Schwester noch ein Brüderchen zu bekommen. Kinder sind immer eine Freude. Mein Bruder sah als Baby besonders drollig aus, denn er hatte rote Haare, und ich musste ihm manchmal die Windeln wechseln. Die wurden damals noch von einer abenteuerlichen Gummihosenkonstruktion zusammengehalten. Kinder brauchen Windeln, weil sie hilflos sind. Sosehr ich mein Brüderchen mochte, seine Windeln zu wechseln war mir gar nicht angenehm; igitt, die stanken ja!

Auch in der Weihnachtsgeschichte bei Lukas spielen die Windeln eine Rolle, gleich zweimal werden sie erwähnt, einmal sogar im Mund der Engel als Zeichen für den Messias, den Retter der Welt. Jesus in Windeln, Gottes Sohn in Windeln.

Weihnachten begreifen wir aber vielleicht gerade angesichts der Windeln des Christkindes am besten. Denn die Windeln müssten uns eigentlich staunen lassen über das Verrückte, das sich da ereignet: Gott kommt als Kind. Ich wiederhole: *Gott* kommt in Windeln! Wenn es Gott gibt, dann nur so, dass er ein unfassliches Geheimnis ist. Was wir Menschen Gott nennen, das muss ganz anders sein als alles, was wir sonst kennen. Darum verwenden ja alle Religionen und Philosophien so »negierende« Bezeichnungen, um die Erhabenheit des Göttlichen zu beschreiben: un-endlich, un-sterblich, un-fassbar, un-begrenzt, un-begreiflich usw. Die Philosophen nennen Gott »trans-zendent«, das bedeutet »übersteigend«. Also Gott übersteigt einfach alles, was unser Verstand begreifen kann. Gott ist unfasslich.

Wenn es Gott gibt, dann nur so, dass er ein unfassliches Geheimnis ist.

Und da schreibt der Evangelist Lukas in seiner Weih-nachtsgeschichte, dass dieser Gott als Kind in Beth-lehem geboren wurde, dass ihn seine Mutter in eine Futterkrippe legte und dass sie ihn in Windeln ge-wickelt hat. Also ich addiere mal das Philosophische mit dem Biblischen zusammen und komme zu dem Resultat: Der unendliche Gott ist endlich geworden, der ewige Gott zeitlich, der unfassliche Gott fasslich; Gott ist so real Mensch geworden wie du und ich. So wie du und ich einmal Windeln brauchten und jemanden, der uns den Popo abwischt, so auch Gottes Sohn. Das ist Absicht, so sagt uns die Bibel, denn Gott will keiner sein, der sich im Himmel versteckt nach der Art: »Pst, ich bin Gott, aber ich will mit euch nichts zu tun haben!«, sondern er will der »Emmanuel« sein, das heißt: »Gott mit uns!«

Ich finde es schrecklich, dass wir Christen so dumm geworden sind. Dass wir nicht mehr eine Gänsehaut bekommen, wenn wir von unserem Glauben sprechen, der doch die aufregendste und provokanteste religiöse Botschaft ist, die es überhaupt gibt: Gott erscheint in Menschengestalt, Gott verkürzt sich – so haben es die Kirchenväter formuliert – auf Krippenlänge. Also: Dass das Göttliche durch Propheten und Weise in unsere Welt herüberspricht oder dass es durch Erleuchtung und Meditation herüberfließt, das glauben viele Religionen. Die christliche Weihnachtsbotschaft fordert uns aber noch mehr heraus. Denn sie verlangt, dass wir etwas Verwegenes und Gewagtes von Gott glauben: Dass er ein Mensch geworden ist. Dass Gott nicht bloß irgendwo da draußen ist, sondern dass er »Emmanuel« ist: Gott mit uns.

Ich muss bekennen, dass mein Denken hier auch oft ins Stolpern gerät. Wenn man einmal zum christli-

chen Glauben gefunden hat, so wie mir das als Jugendlicher schon geschenkt wurde, dann heißt das ja nicht, dass man nicht manchmal seine Zweifel hat, eben: dass man stolpert!

»Ich glaube, weil es unausdenkbar ist, was da geglaubt wird!«

Es ist aber absolut notwendig, dass wir die Provokation entdecken, die unser Glaube bedeutet – um dann wieder entschiedener ja zu sagen zu unseren christlichen Wurzeln. Am Anfang des Christentums waren es ja gerade viele Intellektuelle, die aus dem Heidentum mit seinen Mythologien und Philosophien zu Christus fanden. Unter ihnen ein gewisser Tertullian († ca. 220). Durch Nachdenken hatte dieser nordafrikanische Intellektuelle die Verwegenheit des christlichen Glaubens erfasst und den Satz geprägt: »Ich glaube, weil das nicht von Menschen erfunden sein kann. Ich glaube, weil es unausdenkbar ist, was da geglaubt wird!« Ein Gott, der Mensch wird, ein Gott, der armselig wird, ein Gott, der am Kreuz stirbt. Dass Gott, der Schöpfer, allmächtig, ewig und unend-

lich sein muss, das denken alle Religionen, und das sagt uns eigentlich schon das vernünftige Nachdenken. Von nichts kommt nichts. Aber dass Gott so allmächtig ist, dass er ein ohnmächtiges Kindlein werden kann, dass er so ewig ist, dass er unsere Zeitlichkeit teilen kann, dass er so unendlich ist, dass er ein krippengroßes windeltragendes Baby werden kann, das ist schon ein religiös herausfordernder Gedanke. Wenn ich ehrlich bin, halte ich es mit Tertullian: In meinen Glaubenszweifeln sichert mich gerade der Gedanke: So etwas Verwegenes kann keine menschliche Phantasie erfunden haben … »Ich glaube, weil es unausdenkbar ist!« Und darum ist es mir zu wenig, wenn wir mit Weihnachten nur den Duft von Lebkuchen, Glühwein und Tannennadeln verbinden. Wir sollten uns auch von dem Geruch provozieren lassen, der vor zweitausend Jahren von den Windeln dieses kleinen Kindes in Bethlehem ausgegangen ist. Oh,x würden wir Christen doch wieder begreifen, wie tief und schön die Mysterien unseres Glaubens sind.

In der Kirche verehren wir die heilige Therese vom Kinde Jesu als große Heilige. Ich selbst habe eine große Verehrung für diese Ende des 19. Jahrhunderts verstorbene Karmelitin. Schon deshalb, weil drei Kilometer von meinem Kloster Stift Heiligenkreuz das Karmelitinnenkloster Mayerling liegt, wo ich bei den Schwestern oft die heilige Messe feiern darf. Dort atmet man gleichsam die Jesusverliebtheit der heiligen Therese. Therese war ungeniert kindlich in ihrer Liebe zu Gott. Papst Johannes Paul II. meinte, dass wir Christen dieses weibliche Feuer der Liebe insgesamt brauchen würden, und erhob Therese zur Kirchenlehrerin. Therese stellt in einem Gebet dem kleinen Jesuskind die fiktive Frage: »Jesus, was hat dich so klein gemacht?« Und sie gibt selbst die Antwort: »Die Liebe! Die Liebe ist es, die dich auf die Erde und in die Krippe und schließlich ans Kreuz gebracht hat!« Ein tolles Wort. Schon deshalb hat diese Frau, die nie Theologie studierte, es verdient, Kirchenlehrerin zu sein.

Das nun also ist die Substanz von Weihnachten. Das ist der Grund für die größte Geburtstagsparty der Welt. Darum inszeniert Gott Krippe und Windeln, um uns diese Botschaft zukommen zu lassen: Liebe! Gott ist die Liebe. Gott liebt uns. Und darum lässt er die Distanz zwischen Ewigkeit und Zeit zurück. Also, ich gebe ja zu, dass man sich zu Weihnachten über vieles freuen kann. Aber ich behaupte, dass man Weihnachten am innigsten dann feiern kann, wenn man mit Hirn und Herz verstanden hat, worum es im Kern eigentlich geht: um den liebevollen Annäherungsversuch unseres Gottes an das Herz von uns Menschen.

Das selige Schenken

In der Weihnachtsgeschichte erzählt der Evangelist Lukas mit ein paar literarischen Pinselstrichen, dass für Maria und Josef in Bethlehem kein Platz ist. Bethlehem ist die Stadt des großen Königs David, der um 1000 vor Christus lebte. Aus seinem Geschlecht stammt auch Josef, dem Gott den Auftrag gegeben hat, sich des Kindes und seiner Mutter anzunehmen, obwohl nicht er, sondern Gott höchstpersönlich und wunderbar Vater dieses Kindes ist, das die hochschwangere Maria in ihrem Leib trägt, dessen Name wird »Sohn Gottes« sein. Juristisch gesehen ist es der aus dem Geschlecht Davids stammende Josef, der an Vaters statt für das Kind einsteht. Dass diesem Kind dreißig Jahre später die euphorischen Jubelrufe entgegenschallen werden: »Hosanna dem Sohne Davids«, davon ist jetzt noch keine Spur! Josef und Maria sind arme Leute. Die Szene ist düster, denn in den Herbergen ist für *so jemanden* kein Platz.

Als ich in den 1990er Jahren Pfarrer in einer kleinen Wienerwaldgemeinde in der Nähe unseres Stiftes Heiligenkreuz war, schwemmte der Balkankrieg eine

Welle von Flüchtlingen nach Österreich. Damals habe ich sieben Frauen einer bosnischen Familie bei mir im kleinen Pfarrhof von Sulz, so hieß meine Pfarrei, aufgenommen. Darunter war auch eine junge hochschwangere Frau, deren Mann im Kriegsgebiet zurückgeblieben war – was uns viel Angst und Sorge bereitete. Die junge Mutter brachte dann auch in der Weihnachtszeit ihre kleine Leila zur Welt, ganz geordnet im Spital, im Krankenhaus, aber es war doch alles irgendwie wie an Weihnachten vor über 2000 Jahren.

»Er, der reich war, wurde euretwegen arm, um euch durch seine Armut reich zu machen.«
(2 Kor 8,9)

Ich bin dem lieben Gott sehr dankbar dafür, dass er mir damals die Gelegenheit gegeben hat, an dieser muslimischen Familie Gutes zu tun. Mir ist das ganze Elend der Heimatlosigkeit aufgegangen. Es ist schrecklich, alles verloren zu haben, was man aufgebaut hat, dann keinen Platz zu haben, wo man zu Hause ist. Darüber hinaus wird man in der Fremde oft abgelehnt, gedemütigt und erniedrigt.

Jesus wollte sein Leben ganz unscheinbar beginnen. Der König der Welt kommt als Kind, er kommt als Flüchtling. Der Sohn Gottes ist von Anfang an nicht dazu angetreten, in Palästen oder Grandhotels abzusteigen. Einen prachtvollen theologischen Satz hat der Apostel Paulus formuliert, wenn er im 2. Korintherbrief über Christus schreibt: »Er, der reich war, wurde euretwegen arm, um euch durch seine Armut reich zu machen.« (2 Kor 8,9) Martin Luther hat später vom wunderbaren Wechsel und Streit gesprochen, der zwischen Gott und Mensch stattfindet. Und manche Kirchenväter haben es ganz steil formuliert, dass nämlich Gott Mensch wurde, damit wir Gott würden.

Jedenfalls glauben wir, dass Gott so Mensch geworden ist, dass er sich wirklich auf die unterste Stufe der sozialen Leiter stellen wollte. Die misslungene Herbergssuche öffnet uns die Augen, dass wir das Göttliche gerade im Verborgenen und im Unscheinbaren erkennen. Das Kind, das hier abgewiesen wird, wird später sagen: »Was ihr einem der geringsten meiner Brüder getan habt, das habt ihr mir getan!«

Mein Volksschullehrer hat mit uns Kindern immer eine Weihnachtsfeier gestaltet, in der auch die Herbergssuche nachgespielt wurde. Untermalt von dem eindrucksvollen Lied »Wer klopfet an« ziehen Maria und Josef von Tür zu Tür, von Herberge zu Herberge, von Wirt zu Wirt, um ein Quartier zu finden. Jedes Mal entspinnt sich ein Dialog: »Wer klopfet an?« – »O zwei gar arme Leut!« – »Was wollt ihr dann?« – »O gebt uns Herberg heut. O durch Gottes Lieb wir bitten, öffnet uns doch eure Hütten.« Ich muss erwähnen, dass mir immer die Rolle zufiel, mit tiefer Stimme einen energischen Wirt zu spielen, der keinen Platz für Maria und Josef und Jesus hat! Am Schluss stand die mächtig zu singende Abweisung: »Nein, o nein, es kann nicht sein, da geht nur fort, ihr kommt nicht rein!« »Ihr kommt nicht rein!« Punkt, Aus, Ende, Schluss, das tue ich mir nicht an, euch aufzunehmen. Schaut, dass ihr weiterkommt! Wie man auf Österreichisch sagt.

Manchmal ärgere ich mich über die Stapel von Bettelbriefen, die ich vor Weihnachten erhalte. Sogar wir besitzlosen Mönche werden angebettelt. Mir kommt es vor, als hätten alle karitativen und humanitären Einrichtungen nur darauf gewartet, dass endlich Weihnachten kommt. Ja, da sind unsere Herzen offensichtlich wirklich weicher als sonst. Mir fällt in den letzten Jahren auf, dass fast überall mit der Not der Kinder geworben wird. Vielleicht ist das ja deshalb, weil sich schön langsam ein kollektives schlechtes Gewissen entwickelt, weil wir in der Realität viel

zu verschlossen sind gegen Kinder. Weil wir Kinder viel zu sehr als Belastung und Einschränkung sehen. Dabei ist doch Vater- und Muttersein das schönste Geschenk, das der Schöpfergott uns Menschen machen wollte. Na ja, so schlucke ich eben meine Verwunderung runter und lasse es halt auch gelten, dass so viel Spendenwerbung für notleidende Kinder hier und dort und allüberall gemacht wird … Wenn das unsere harten Herzen erweicht, warum denn nicht!

»Geben ist seliger als nehmen!« (Apg 20,35)

Damals in Bethlehem hat sich aber keiner erweichen lassen. Maria und Josef enden in einem Stall – oder vielleicht in einer Höhle, wie uns die Bibelwissenschaftler sagen; jedenfalls ist nirgendwo Platz für sie. Welches Symbol für *unsere* kalten und harten Herzen! Wie dankbar müssen wir dem Kind sein, das da zwischen Ochs und Esel das Licht der Welt erblickt, dass es uns dann mit der großen Botschaft provozieren wird, die da lautet: »Geben ist seliger als nehmen!« (Apg 20,35). Besitz und Reichtum, Geld und Ehre, Sparkonto und Titel, Aktienpakete und Statusauto, das können wir alle nicht ins Grab mitnehmen. Mein

Vater, von Beruf Kaufmann, ist mir durch seine christliche Großzügigkeit immer ein Vorbild gewesen. Er hat die lästigen Bettelbriefe, die da vor Weihnachten so haufenweise eintrudelten, immer auf seinem Schreibtisch gestapelt und dann abgewogen, wo am meisten zu helfen war. Und nur ganz wenige hat er aussortiert. Dort, wo ihm die Not besonders drückend schien, hat er – wohlüberlegt und großzügig – gegeben. Jetzt, wo ich selber oft betteln gehen muss für meine Priesterstudenten an unserer Hochschule, staune ich manchmal über die so weiten Herzen, die sich sehr konkret durch weit geöffnete Brieftaschen von Spenderinnen und Spendern zeigen. Viele Menschen haben die Lektion gelernt, die uns das Christkind damals schon erteilen wollte, als es sich noch als Ungeborenes hat abweisen lassen von Tür zu Tür, von Herz zu Herz.

Wer hart bleibt, wer gierig in sich selbst versperrt bleibt, den wird auch das Licht nicht umstrahlen, das über der Krippe von Bethlehem leuchtet. So einfach und so klar ist das. Es ist wichtig, dass sich zu Weihnachten unser soziales Gewissen regt. Es ist absolut gut, dass uns die bittere Not vieler Menschen, der Flüchtlinge und der Armen aufstößt. Es ist gut, wenn es uns peinlich ist, dass heute immer noch Menschen in Ställen leben, in Slums und unter Brücken. Wer Weihnachten feiern will, ohne sich anrühren zu las-

sen von der stummen Bitte so vieler, von dem Elend der Ärmsten der Armen, der ist kein Christ, der ist nicht einmal ein Mensch, der ist – ich sage es ganz hart – ein Monster! Schon als ungeborenes Kind richtet der kleine Jesus an uns den Appell, keine grausamen Türzuknaller zu sein, die mit versteinertem Herzen den Hilfesuchenden voll Eigensinn und Grausamkeit entgegenbrüllen: »Nein, o nein, das kann nicht sein, da geht nur fort, ihr kommt nicht rein …« Weihnachten macht unsere Herzen weicher, und schon deshalb ist es gut, dass es Weihnachten gibt. Und: dass wir es richtig feiern.

Liebe, die Freude macht

Wenn wir die Weihnachtsgeschichte hören, dann fällt auf, dass nach der Geburt des Christuskindes ein großes Theater ausbricht, dort in Bethlehem: Ein mächtiger Engel weckt schlafende Hirten auf und überrascht sie, indem er ihnen verkündet, dass der Retter geboren ist. Zum Beweis nennt er das Kind, das sie in Windeln gewickelt finden werden. Und dann kommen noch andere Engel dazu, die das »Ehre sei Gott in der Höhe« anstimmen, das dann später als *Gloria in excelsis Deo*« zu einem liturgischen Gesang unserer Gottesdienste geworden ist. Und dann ist es vorbei mit der Abgeschiedenheit des Stalles von Bethlehem: Die Hirten eilen zur Krippe, vermutlich mitsamt ihren Herden, um sich das alles anzuschauen. Sie werden dann zu den ersten Weihnachtsboten, weil sie überall erzählen, was ihnen in der Himmelsvision über dieses Kind gesagt worden war. Und kombiniert man mit dem Lukasevangelium die Erzählung des Evangelisten Matthäus, wie es die Tradition getan hat, so kommen wenig später auch die Weisen aus dem Morgenland an die Krippe, um dem Kind Gold, Weihrauch und Myrrhe zu bringen. Nicht nur mich hat dieses Getriebe und Geschiebe rund um das Jesuskind schon immer fasziniert. In vielen alpenländischen Krippendarstellungen findet man das Drumherum von Ochs und Esel, Hirten, Schafen, Rindern und den Heiligen Drei Königen mit ihrem orientalischen Outfit und ihren Dromedaren, Pferden und Elefanten eindrucksvoll ausgestaltet.

»Ich verkünde euch eine große Freude!«

Mir persönlich gefällt in diesem bunten multikulturellen und multisozialen Gedränge um das Kind, das ja Erlöser *aller* Menschen ist, das Wort des Verkündigungsengels am besten. Seine Ansage über die Geburt Christi lautet: »Fürchtet euch nicht, denn ich verkünde euch eine große Freude, die dem ganzen Volk zuteil werden soll.« Für mich bedeutet das Christentum reinste Freude. Deshalb gefällt es mir, dass es schon bei der Geburt Christi um die Freude geht. Ich halte zwar gar nichts von Astrologie oder von irgendwelchen datumsmäßigen Zusammenhängen, aber es passt doch ganz gut zu mir, dass ich an einem Faschingssonntag geboren wurde. Mein Vater, der meine Mutter fürsorglich ins Spital gebracht hatte, war wie-

der nach Hause gefahren, als ich auf mich warten ließ. Von meiner Geburt erfuhr er auf einem Faschingsball. Für mich ist es deshalb ein schöner Gedanke, dass ich in die Fröhlichkeit hinein geboren wurde, und ich danke Gott, dass er auch mein Gemüt mit dieser Grundstimmung ausgestattet hat. Darum finde ich es so herrlich, dass das Christentum mit dem Ruf vom Himmel beginnt: »Fürchtet euch nicht, ich verkünde euch eine große Freude!« Hier sollten vor allem auch manche Theologen und kirchlichen Funktionäre gut hinhören, denn der Engel hat tatsächlich nicht gerufen: »Ich verkünde euch ein großes Problem!«, sondern er hat tollkühn verkündet: »Ich verkünde euch eine große Freude!« Christentum ist Freude.

Ich weiß aber auch, dass sich viele Menschen fürchten. Sie fürchten sich vor Gott, sie fürchten sich vor Christus, sie fürchten sich vor der Kirche. Sie fürchten sich davor, sich auf ein Leben mit dem Jesuskind einzulassen. Viele, die jahrelang in Distanz standen zum christlichen Glauben, die sich mit allen möglichen Argumenten und Ausreden vorgespielt haben, dass sie Gott nicht brauchen, haben Schwellenangst. Viele, die Böses denken und Böses tun, fürchten, dass sie von Gott nicht angenommen werden. Und leider muss ich sagen, dass wir in der Kirche viel zu wenig tun, um den Menschen die Schwellenangst zu nehmen, einen Schritt hin auf Gott zu tun. Darum meint der Engel über der Krippe auch uns, dich und mich, wenn er ruft: Fürchte dich nicht, dich auf Gott einzulassen! Du wirst nicht bestraft, sondern gerettet. Du wirst nichts verlieren, sondern alles gewinnen.

Die Geburt Christi wird erst seit dem 4. Jahrhundert am 25. Dezember gefeiert. Der Vortag wird der »Heilige Abend« genannt. Man hat das Datum bewusst gewählt, weil es sich um die Wintersonnenwende handelt: Von da an werden die Tage länger und lichtvoller, die Sonne gewinnt an wärmendem Glanz.

Weihnachten steht für den Sieg der Sonne über die Finsternis. Außerdem feierten die Heiden mit viel Euphorie um die Wintersonnenwende den »Sol invictus«, den unbesiegbaren Sonnengott; so dass die Christen versuchten, dieses heidnische Brauchtum auf Christus hin umzudeuten. Auch heute erleben wir ja, dass zu Weihnachten das Licht eine große Rolle spielt: von den Lichterketten der Straßenbeleuchtung über die romantischen Kerzen und Sternspritzer am Weihnachtsbaum bis hin zu den energieverschwendenden Auswüchsen, mit denen die Amerikaner zu Weihnachten ihre Häuser und Vorgärten illuminieren.

Im Weihnachtsevangelium lesen wir, dass der Engel, der den Hirten einen solchen Schrecken eingejagt hat, um ihnen dann eine so trostreiche Nachricht zu verkünden, »vom Glanz des Herrn« umstrahlt war. Also nicht von irgendeinem Licht, sondern ausdrücklich ist es der Glanz des Herrn, ein Licht also, das von Gott kommt. Licht und Finsternis sind hier wohl auch Bildworte für unsere Seele. In der letzten Zeit meine ich festzustellen, dass die Depressionen zunehmen.

»Ich verkünde euch eine große Freude, die dem ganzen Volk zuteilwerden soll«

Aber auch dort, wo keine seelische Krankheit vorliegt, leben so viele Menschen in lustloser Traurigkeit dahin. In unser Kloster kommen täglich viele Briefe und E-Mails, Menschen bitten um das Gebet, weil es »finster« ist in ihnen. Die Ursachen sind verschieden, manchmal sind es konkrete Probleme, manchmal ist es aber auch einfach eine nebelige Gestimmtheit, die wie ein tödlicher Schatten auf der Seele liegt. Und vielfach schreiben mir die Menschen, dass sie uns Mönche beneiden, weil sie spüren, dass wir deshalb glücklich sind, weil wir einen Sinn im Leben haben.

Ich denke, dass der Engel in seinem strahlenden Lichtglanz am Himmel über Bethlehem uns ein Antidepressivum anbieten möchte. Ein rezeptfreies Medikament, das auch gar nichts kostet, das aber doch so viel Aufhellung in unser Leben bringen kann. Das Medikament trägt den Namen »Freude«. Ich weiß schon: Freude kann man nicht verschreiben, man kann sie nicht anordnen. Aber man kann den Grund angeben, warum man sich freuen kann: »Ich verkünde euch eine große Freude, die dem ganzen Volk zuteil werden soll«, so die Originalbotschaft des Engels an die Hirten. Und dann geht es weiter: »Heute ist euch … der Retter geboren; er ist der Messias, der Herr.«

Man muss sich ein bisschen bei dem schlauen Literaten Lukas auskennen, damit man die Botschaft wirklich gut versteht. Der Engel sagt nicht, dass die Freude darin besteht, dass der Retter geboren ist, sondern der springende Punkt ist, dass der Retter heute geboren ist. »Heute ist euch der Retter geboren!« »Hodie« heißt das auf Lateinisch und ist im gregorianischen Choral in den herrlichsten Melodien vertont worden. Wenn wir Menschen stumpf und depressiv, ungläubig und todesängstlich meinen, dass es außer diesem kurzen kleinen Leben nichts gibt, dann öffnet Gott in der Heiligen Weihnacht die Luke. Lichtglanz fällt von oben herab, und der Engel will jedem von uns zurufen:

»Ich verkünde dir eine große Freude: Heute ist dir der Heiland geboren!«

Was wir zu Weihnachten feiern, ist ein historisches Ereignis, das die Weltgeschichte verändert hat. Aber es ist kein Ereignis von »damals«, also ganz lange her. Da könnte ich ja sagen: Was geht das mich an, dass da vor 2000 und-ein-bisschen-was Jahren ein Kind geboren wurde. Die Weihnachtsgeschichte betont aber, dass es nicht »einst« war, sondern »heute«. Also jetzt.

Die Freude meines Lebens ist, dass Gott mir nahe ist.

Lukas hat dieses »Heute« noch ein paar Mal in seinem Evangelium ganz dramatisch betont: Als Jesus während seiner Wanderschaft in seine Heimatstadt Nazareth kommt, liest er beim Synagogengottesdienst die Messiasverheißung aus dem Propheten Jesaja vor. Und fügt hinzu: »Heute hat sich dieses Schriftwort erfüllt« (Lk 4,21). Und als ein kleiner Zöllner namens Zachäus auf einen Baum klettert, um Jesus sehen zu können und weil er sich als Sünder unwürdig fühlt für die Begegnung mit dem Wunderrabbi, da holt ihn Jesus herunter mit den Worten: »Zachäus, komm

schnell herunter, denn heute muss ich in deinem Haus
zu Gast sein.« (Lk 19,5) Und als der eine Verbrecher
am Kreuz Jesus reuevoll um Vergebung bittet, antwortet er mit dem berühmten Wort: »Heute noch wirst
du mit mir im Paradies sein.« (Lk 23,43)

Die Freude meines Lebens ist, dass Gott mir nahe ist.
Für mich ist die Wirklichkeit Gottes nicht etwas Fer-
nes, Distanziertes, sondern ich habe das Gefühl, dass
er unmittelbar bei mir sein möchte. Und das ist nicht
irgendwann, irgendwie, sondern es ist »heute«, jetzt;
es ist jederzeit möglich.

Wenn jemand auf einen kleinen Mönch in einem österreichischen Wienerwaldkloster hören möchte, dann will ich ihm zurufen: Lass dir doch die Freude schenken, dich von Gottes Gegenwart berühren zu lassen. Das ist das Antidepressivum, das uns der Engel vom Himmel herab verkündet: »Heute« will Gott dir nahe sein. Damals ist er in den Koordinaten von Raum und Zeit ein Kind geworden, um dir hier und jetzt zu versichern, dass er dir hier und jetzt nahe sein möchte. »Und wäre Christus tausendmal zu Bethlehem geboren, und nicht in dir, so bliebest du doch ewiglich verloren.« So hat es der spät bekehrte Mystiker Johannes Scheffler im 17. Jahrhundert formuliert, der begnadete Dichter, dem man den Namen »Angelus Silesius« gegeben hat.

»Und wäre Christus tausendmal zu Bethlehem geboren, und nicht in dir, so bliebest du doch ewiglich verloren.«

Von dem bayrischen Kabarettisten Karl Valentin ist eine tiefgründiger Scherz überliefert. Der passt wunderbar in unsere heutige Zeit, in der man die altbe-

währten christlichen Gebets- und Spiritualitätsformen vernachlässigt, um an ihrer Stelle neugierig und lustvoll östliches Meditieren und Transzendieren aus anderen Religionen zu betreiben. Karl Valentin wird da von Liesl Karlstadt gefragt, ob er denn nicht auch »nach innen gehen will«. Und Valentin antwortet: »Da war ich schon, ist auch nicht viel los.« Für mich ist das fast eine Art Hinführung zum Weihnachtsevangelium: Denn der Engel, der die Freude ankündigt, sagt den Hirten nicht, dass sie bloß meditieren oder transzendieren oder sonst etwas tun sollen, sondern er schickt sie auf einen anderen Weg: Sie sollen zur Krippe gehen zu dem Kind in den Windeln. Dort werden sie die Freude finden. Heute, wie zu aller Zeit.

Erst wenn man Jesus ins Herz geschlossen hat, dann ist da was los.

Und am Schluss der Weihnachtserzählung wird uns dann Maria vor Augen gestellt, die alles, was sie da um die Geburt ihres Kindes an Engeln, singenden Himmelschören, Geschenke heranschleppenden Hirten und göttlichem Lichtglanz erlebt hat, in ihrem

Herzen bewahrt. Erst wenn man Jesus ins Herz geschlossen hat, dann ist da was los. Denn wenn die Liebe angekommen ist, dann breitet sich die Freude aus.
Das wollen wir zu Weihnachten feiern.

Das Weihnachtsevangelium nach Lukas 2,1–20

In jenen Tagen erließ Kaiser Augustus den Befehl, alle Bewohner des Reiches in Steuerlisten einzutragen. 2 Dies geschah zum ersten Mal; damals war Quirinius Statthalter von Syrien. 3 Da ging jeder in seine Stadt, um sich eintragen zu lassen.

4 So zog auch Josef von der Stadt Nazareth in Galiläa hinauf nach Judäa in die Stadt Davids, die Bethlehem heißt; denn er war aus dem Haus und Geschlecht Davids. 5 Er wollte sich eintragen lassen mit Maria, seiner Verlobten, die ein Kind erwartete.

6 Als sie dort waren, kam für Maria die Zeit ihrer Niederkunft, 7 und sie gebar ihren Sohn, den Erstgeborenen. Sie wickelte ihn in Windeln und legte ihn in eine Krippe, weil in der Herberge kein Platz für sie war.

8 In jener Gegend lagerten Hirten auf freiem Feld und hielten Nachtwache bei ihrer Herde. 9 Da trat der Engel des Herrn zu ihnen und der Glanz des Herrn

umstrahlte sie. Sie fürchteten sich sehr, [10] der Engel
aber sagte zu ihnen: »Fürchtet euch nicht, denn ich
verkünde euch eine große Freude, die dem ganzen
Volk zuteilwerden soll: [11] Heute ist euch in der
Stadt Davids der Retter geboren; er ist der Messias,
der Herr. [12] Und das soll euch als Zeichen dienen:
Ihr werdet ein Kind finden, das, in Windeln gewickelt, in einer Krippe liegt.« [13] Und plötzlich war bei
dem Engel ein großes himmlisches Heer, das Gott lob-
te und sprach: [14] »Verherrlicht ist Gott in der Höhe /
und auf Erden ist Friede / bei den Menschen seiner
Gnade.«

¹⁵ Als die Engel sie verlassen hatten und in den Himmel zurückgekehrt waren, sagten die Hirten zueinander: »Kommt, wir gehen nach Bethlehem, um das Ereignis zu sehen, das uns der Herr verkünden ließ.« ¹⁶ So eilten sie hin und fanden Maria und Josef und das Kind, das in der Krippe lag. ¹⁷ Als sie es sahen, erzählten sie, was ihnen über dieses Kind gesagt worden war. ¹⁸ Und alle, die es hörten, staunten über die Worte der Hirten.

¹⁹ Maria aber bewahrte alles, was geschehen war, in ihrem Herzen und dachte darüber nach. ²⁰ Die Hirten kehrten zurück, rühmten Gott und priesen ihn für das, was sie gehört und gesehen hatten; denn alles war so gewesen, wie es ihnen gesagt worden war.